50 Recetas de Repostería con Amor

Por: Kelly Johnson

Table of Contents

- Brownies clásicos
- Galletas de chispas de chocolate
- Pastel de vainilla
- Tarta de manzana
- Cupcakes de fresa
- Pan de plátano
- Muffins de arándanos
- Galletas de mantequilla
- Bizcocho esponjoso
- Tarta de queso
- Pastel de zanahoria
- Galletas de avena
- Trufas de chocolate
- Pastel red velvet
- Cheesecake de fresa
- Donas glaseadas
- Churros caseros

- Galletas de almendra
- Rollos de canela
- Panqué de limón
- Pastel de chocolate húmedo
- Tarta de frutas
- Alfajores de maicena
- Flan casero
- Magdalenas tradicionales
- Empanadas de dulce
- Bizcocho marmoleado
- Galletas decoradas
- Pastel de coco
- Profiteroles rellenos
- Helado casero de vainilla
- Tartaletas de crema pastelera
- Rosca de reyes
- Paletas de yogurt y fruta
- Pastel tres leches
- Tarta de limón y merengue

- Barritas de granola
- Pan dulce
- Pastel invertido de piña
- Bombones rellenos
- Pan de elote
- Pastel de nuez
- Cake pops
- Crepas dulces
- Panecillos de manzana y canela
- Bizcocho de chocolate blanco
- Galletas de jengibre
- Tiramisú casero
- Panettone
- Crumble de frutos rojos

Brownies clásicos

Ingredientes:

- 200 g de chocolate negro
- 150 g de mantequilla
- 200 g de azúcar
- 3 huevos
- 100 g de harina
- 1 cdita de esencia de vainilla
- 1 pizca de sal

Preparación:

1. Precalienta el horno a 180 °C y engrasa un molde cuadrado.
2. Derrite el chocolate con la mantequilla.
3. Añade el azúcar y mezcla bien.
4. Incorpora los huevos uno a uno, luego la vainilla.
5. Agrega la harina y sal. Mezcla hasta integrar.
6. Vierte en el molde y hornea 25–30 min. Deja enfriar antes de cortar.

Galletas de chispas de chocolate

Ingredientes:

- 150 g de mantequilla
- 100 g de azúcar blanca
- 100 g de azúcar morena
- 1 huevo
- 1 cdita de esencia de vainilla
- 250 g de harina
- 1 cdita de polvo de hornear
- 1 pizca de sal
- 150 g de chispas de chocolate

Preparación:

1. Bate la mantequilla con los azúcares hasta cremoso.
2. Añade el huevo y la vainilla.
3. Incorpora los ingredientes secos y mezcla.
4. Agrega las chispas.
5. Forma bolitas, colócalas en bandeja con espacio entre ellas.
6. Hornea a 180 °C por 10–12 min.

Pastel de vainilla

Ingredientes:

- 200 g de mantequilla
- 200 g de azúcar
- 4 huevos
- 200 g de harina
- 1 cdita de polvo de hornear
- 1 cdita de esencia de vainilla
- 100 ml de leche

Preparación:

1. Precalienta el horno a 180 °C.
2. Bate mantequilla y azúcar hasta que blanquee.
3. Agrega los huevos uno a uno, luego la vainilla.
4. Incorpora la harina y polvo de hornear alternando con la leche.
5. Vierte en un molde engrasado y hornea 35–40 min.

Tarta de manzana

Ingredientes:

- 1 masa quebrada
- 3–4 manzanas
- 2 cdas de azúcar
- Canela al gusto
- Mermelada de albaricoque (opcional)

Preparación:

1. Coloca la masa en un molde y pincha la base.
2. Pela y corta las manzanas en láminas.
3. Colócalas sobre la masa, espolvorea azúcar y canela.
4. Hornea 30–35 min a 180 °C.
5. Pincela con mermelada caliente para dar brillo (opcional).

Cupcakes de fresa

Ingredientes:

- 120 g de mantequilla
- 150 g de azúcar
- 2 huevos
- 200 g de harina
- 1 cdita de polvo de hornear
- 100 ml de leche
- 1 cdita de vainilla
- Fresas frescas picadas

Preparación:

1. Bate mantequilla y azúcar, añade los huevos.
2. Agrega la harina, polvo de hornear, leche y vainilla.
3. Incorpora las fresas.
4. Llena moldes de cupcake y hornea 20–25 min a 180 °C.

Pan de plátano

Ingredientes:

- 2 plátanos maduros
- 100 g de azúcar
- 1 huevo
- 60 g de mantequilla derretida
- 200 g de harina
- 1 cdita de polvo de hornear
- 1 cdita de canela

Preparación:

1. Precalienta a 180 °C.
2. Tritura los plátanos y mézclalos con el azúcar, huevo y mantequilla.
3. Añade los secos y mezcla bien.
4. Vierte en un molde y hornea 45–50 min.

Muffins de arándanos

Ingredientes:

- 250 g de harina
- 100 g de azúcar
- 1 huevo
- 200 ml de leche
- 80 ml de aceite
- 1 cdita de polvo de hornear
- 100 g de arándanos

Preparación:

1. Mezcla ingredientes secos por un lado.
2. Bate huevo, leche y aceite.
3. Une las mezclas y agrega los arándanos.
4. Llena moldes de muffin y hornea 20–25 min a 180 °C.

Bizcocho esponjoso

Ingredientes:

- 4 huevos
- 200 g de azúcar
- 200 g de harina
- 1 cdita de polvo de hornear
- 1 cdita de esencia de vainilla
- 100 ml de leche
- 100 ml de aceite vegetal

Preparación:

1. Precalienta el horno a 180 °C.
2. Bate los huevos con el azúcar hasta que tripliquen su volumen.
3. Añade la vainilla, luego el aceite y la leche.
4. Incorpora la harina y el polvo de hornear tamizados.
5. Vierte en un molde engrasado y hornea 35–40 min.

Tarta de queso (estilo clásico)

Ingredientes:

- 500 g de queso crema
- 200 g de azúcar
- 3 huevos
- 1 cdita de vainilla
- 200 ml de crema de leche
- Base: 200 g de galletas trituradas + 80 g de mantequilla

Preparación:

1. Mezcla las galletas con la mantequilla derretida y forma la base en un molde.
2. Bate el queso crema con azúcar, luego añade huevos, vainilla y crema.
3. Vierte sobre la base y hornea 45–50 min a 170 °C.
4. Deja enfriar y refrigera al menos 4 horas.

Pastel de zanahoria

Ingredientes:

- 3 zanahorias ralladas
- 200 g de azúcar
- 3 huevos
- 150 ml de aceite vegetal
- 200 g de harina
- 1 cdita de canela
- 1 cdita de polvo de hornear
- Nueces opcionales

Preparación:

1. Bate los huevos con el azúcar, luego añade el aceite.
2. Agrega la zanahoria, la canela, y mezcla.
3. Incorpora la harina y el polvo de hornear.
4. Añade nueces si deseas.
5. Vierte en molde y hornea 40–45 min a 180 °C.

Galletas de avena

Ingredientes:

- 100 g de mantequilla
- 100 g de azúcar
- 1 huevo
- 1 cdita de vainilla
- 100 g de avena
- 100 g de harina
- 1 cdita de canela (opcional)
- 1 cdita de polvo de hornear

Preparación:

1. Bate mantequilla y azúcar. Añade huevo y vainilla.
2. Incorpora los ingredientes secos.
3. Forma bolitas y aplástalas en una bandeja.
4. Hornea 12–15 min a 180 °C.

Trufas de chocolate

Ingredientes:

- 200 g de chocolate negro
- 100 ml de crema de leche
- 25 g de mantequilla
- Cacao en polvo o coco rallado para cubrir

Preparación:

1. Calienta la crema y vierte sobre el chocolate troceado.
2. Mezcla hasta que se derrita, añade la mantequilla.
3. Deja enfriar y refrigera hasta que esté firme.
4. Forma bolitas y rebózalas en cacao o coco.

Pastel red velvet

Ingredientes:

- 250 g de harina
- 250 g de azúcar
- 2 huevos
- 240 ml de aceite
- 1 cdita de vinagre
- 1 cdita de bicarbonato
- 1 cdita de cacao
- Colorante rojo
- 250 ml de buttermilk o leche con 1 cda de vinagre
- 1 cdita de vainilla

Preparación:

1. Mezcla los ingredientes secos.
2. Bate los huevos con azúcar y aceite.
3. Añade la buttermilk, el colorante y la vainilla.
4. Incorpora los secos y mezcla suavemente.
5. Vierte en moldes y hornea 30–35 min a 180 °C.

Cheesecake de fresa (sin horno)

Ingredientes:

- 200 g de galletas
- 80 g de mantequilla
- 400 g de queso crema
- 200 ml de crema batida
- 100 g de azúcar
- 1 cdita de vainilla
- Gelatina sin sabor
- Mermelada o fresas frescas para cubrir

Preparación:

1. Haz la base con galletas trituradas y mantequilla.
2. Bate el queso con el azúcar y vainilla.
3. Hidrata y disuelve la gelatina.
4. Añade la gelatina al queso y mezcla con la crema batida.
5. Vierte en el molde y refrigera 4–6 horas.
6. Cubre con fresas o mermelada.

Donas glaseadas

Ingredientes:

- 500 g de harina
- 80 g de azúcar
- 10 g de levadura seca
- 2 huevos
- 200 ml de leche tibia
- 50 g de mantequilla
- 1 cdita de sal

Preparación:

1. Mezcla los secos y añade la levadura disuelta en la leche.
2. Incorpora huevos y mantequilla. Amasa hasta suave.
3. Deja levar 1 hora.
4. Estira y corta las donas. Leva de nuevo 30 min.
5. Fríelas en aceite caliente hasta doradas.
6. Glasea con azúcar y agua o chocolate.

Churros caseros

Ingredientes:

- 250 ml de agua
- 125 g de harina
- 1 pizca de sal
- Aceite para freír
- Azúcar y canela para espolvorear

Preparación:

1. Hierve el agua con la sal.
2. Retira del fuego y añade la harina de golpe, mezclando hasta obtener una masa homogénea.
3. Deja enfriar un poco y coloca la masa en una manga con boquilla estrella.
4. Fríe en aceite caliente hasta dorar.
5. Escurre sobre papel y espolvorea con azúcar y canela.

Galletas de almendra

Ingredientes:

- 200 g de almendra molida
- 150 g de azúcar
- 2 claras de huevo
- 1 cdita de esencia de vainilla

Preparación:

1. Bate las claras a punto de nieve y añade el azúcar poco a poco.
2. Incorpora la almendra y la vainilla con movimientos envolventes.
3. Forma bolitas y hornea a 180 °C por 15–20 minutos.

Rollos de canela

Ingredientes:

- 500 g de harina
- 75 g de azúcar
- 75 g de mantequilla
- 250 ml de leche
- 1 huevo
- 7 g de levadura seca
- Relleno: 100 g azúcar moreno, 2 cdas canela, 50 g mantequilla derretida

Preparación:

1. Mezcla todos los ingredientes de la masa y amasa hasta obtener una masa suave.
2. Deja levar 1 h. Estira en forma de rectángulo.
3. Unta la mantequilla derretida, espolvorea azúcar y canela.
4. Enrolla y corta en porciones. Leva 30 min más.
5. Hornea a 180 °C por 20–25 min.

Panqué de limón

Ingredientes:

- 200 g de harina
- 150 g de azúcar
- 100 g de mantequilla
- 2 huevos
- Ralladura y jugo de 1 limón
- 1 cdita de polvo de hornear

Preparación:

1. Bate mantequilla y azúcar, luego añade huevos.
2. Incorpora ralladura, jugo y la harina con el polvo de hornear.
3. Vierte en un molde y hornea 35–40 min a 180 °C.

Pastel de chocolate húmedo

Ingredientes:

- 200 g de harina
- 200 g de azúcar
- 100 g de cacao en polvo
- 2 huevos
- 250 ml de leche
- 100 ml de aceite
- 1 cdita de bicarbonato
- 1 cdita de vinagre
- 1 cdita de vainilla

Preparación:

1. Mezcla secos por un lado, líquidos por otro.
2. Une todo y bate hasta integrar.
3. Vierte en molde y hornea 35–40 min a 180 °C.

Tarta de frutas

Ingredientes:

- Base: masa quebrada o de galletas
- Relleno: crema pastelera
- Cobertura: frutas frescas (kiwi, fresa, plátano, etc.)
- Gelatina transparente para cubrir

Preparación:

1. Hornea la base hasta dorar y deja enfriar.
2. Rellena con la crema pastelera.
3. Decora con las frutas al gusto.
4. Cubre con gelatina transparente para dar brillo.

Alfajores de maicena

Ingredientes:

- 200 g de maicena
- 100 g de harina
- 100 g de mantequilla
- 75 g de azúcar
- 2 yemas
- 1 cdita de esencia de vainilla
- Relleno: dulce de leche
- Coco rallado para los bordes

Preparación:

1. Bate mantequilla con azúcar. Añade yemas y vainilla.
2. Incorpora secos hasta formar una masa suave.
3. Estira y corta círculos. Hornea 10–12 min a 180 °C.
4. Une con dulce de leche y pasa los bordes por coco.

Flan casero

Ingredientes:

- 500 ml de leche
- 4 huevos
- 120 g de azúcar
- 1 cdita de vainilla
- Caramelo: 100 g de azúcar + 2 cdas de agua

Preparación:

1. Haz el caramelo y viértelo en un molde.
2. Bate huevos con azúcar y vainilla, añade la leche.
3. Vierte en el molde y hornea a baño maría 45 min a 170 °C.
4. Deja enfriar y refrigera al menos 4 h antes de desmoldar.

Magdalenas tradicionales

Ingredientes:

- 3 huevos
- 200 g de azúcar
- 200 g de harina
- 1 cdita de levadura química (polvo de hornear)
- 100 ml de leche
- 100 ml de aceite de girasol
- Ralladura de limón

Preparación:

1. Bate los huevos con el azúcar hasta que estén espumosos.
2. Añade la leche, el aceite y la ralladura. Mezcla bien.
3. Incorpora la harina tamizada con la levadura.
4. Reparte la masa en moldes para magdalenas y deja reposar 30 minutos en la nevera.
5. Hornea a 200 °C durante 15–20 minutos.

Empanadas de dulce

Ingredientes:

- Masa para empanadas
- Dulce de membrillo o batata
- Azúcar para espolvorear
- Huevo batido para pincelar

Preparación:

1. Corta el dulce en cubos y colócalo en el centro de cada disco de masa.
2. Cierra las empanadas y presiona los bordes con un tenedor.
3. Pincela con huevo batido y espolvorea azúcar.
4. Hornea a 180 °C por 20 minutos o hasta dorar.

Bizcocho marmoleado

Ingredientes:

- 4 huevos
- 200 g de azúcar
- 200 g de harina
- 1 cdita de levadura química
- 120 ml de aceite
- 120 ml de leche
- 2 cdas de cacao en polvo

Preparación:

1. Bate los huevos con el azúcar. Añade el aceite y la leche.
2. Incorpora la harina con la levadura.
3. Divide la masa en dos partes y agrega cacao a una de ellas.
4. Alterna cucharadas de cada masa en un molde y mezcla suavemente con un palillo.
5. Hornea a 180 °C durante 40 minutos.

Galletas decoradas

Ingredientes:

- 250 g de mantequilla
- 150 g de azúcar
- 1 huevo
- 1 cdita de vainilla
- 400 g de harina

Preparación:

1. Bate la mantequilla con el azúcar. Agrega el huevo y la vainilla.
2. Incorpora la harina hasta formar una masa.
3. Estira, corta con moldes y hornea a 180 °C por 10–12 minutos.
4. Decora con glaseado real o fondant una vez frías.

Pastel de coco

Ingredientes:

- 4 huevos
- 200 g de azúcar
- 100 g de mantequilla derretida
- 200 g de coco rallado
- 100 g de harina
- 1 cdita de polvo de hornear

Preparación:

1. Bate los huevos con el azúcar hasta que estén esponjosos.
2. Añade la mantequilla, el coco, y la harina con el polvo de hornear.
3. Mezcla y vierte en un molde engrasado.
4. Hornea a 180 °C durante 30–35 minutos.

Profiteroles rellenos

Ingredientes (masa choux):

- 250 ml de agua
- 100 g de mantequilla
- 150 g de harina
- 4 huevos
- Pizca de sal

Preparación:

1. Hierve el agua con la mantequilla y la sal.
2. Agrega la harina de golpe y mezcla hasta formar una bola.
3. Deja templar y agrega los huevos de uno en uno.
4. Forma bolitas en una bandeja y hornea a 200 °C por 20–25 minutos.
5. Rellena con crema pastelera o nata montada una vez fríos.

Helado casero de vainilla

Ingredientes:

- 500 ml de nata (crema para batir)
- 250 ml de leche
- 150 g de azúcar
- 1 vaina de vainilla o 1 cdita de extracto

Preparación:

1. Calienta la leche con la vainilla y el azúcar hasta disolver.
2. Añade la nata y mezcla bien.
3. Refrigera la mezcla por 4 horas, luego bate y congela, removiendo cada hora para evitar cristales (o usa una heladera).

Tartaletas de crema pastelera

Ingredientes:

- Base: masa quebrada o sablé
- Relleno: crema pastelera
- Decoración: frutas frescas

Preparación:

1. Hornea las bases de tartaletas y deja enfriar.
2. Rellena con crema pastelera fría.
3. Decora con frutas al gusto y pinta con gelatina neutra para brillo.

Rosca de Reyes

Ingredientes:

- 500 g de harina
- 100 g de azúcar
- 150 ml de leche tibia
- 100 g de mantequilla
- 2 huevos
- 25 g de levadura fresca
- Ralladura de naranja y limón
- Frutas cristalizadas y azúcar para decorar

Preparación:

1. Disuelve la levadura en la leche tibia.
2. Mezcla harina, azúcar, ralladura y huevos. Agrega la levadura y amasa.
3. Añade la mantequilla y sigue amasando hasta que la masa quede suave y elástica.
4. Deja reposar 1-2 horas hasta que doble su tamaño.
5. Forma un aro con la masa y coloca frutas y azúcar por encima.
6. Hornea a 180 °C por 30-35 minutos.

Paletas de yogurt y fruta

Ingredientes:

- 500 ml de yogurt natural o griego
- Frutas picadas (fresas, mango, kiwi, etc.)
- Miel o azúcar al gusto

Preparación:

1. Mezcla el yogurt con la miel.
2. Vierte una capa de yogurt en moldes para paletas, añade frutas, y termina con yogurt.
3. Inserta palitos y congela mínimo 4 horas.

Pastel tres leches

Ingredientes:

- Bizcocho básico (4 huevos, 200 g harina, 200 g azúcar)
- Mezcla de leches: 400 ml leche condensada, 400 ml leche evaporada, 200 ml crema de leche
- Merengue o crema batida para cubrir

Preparación:

1. Hornea el bizcocho y deja enfriar.
2. Pincha el bizcocho y vierte la mezcla de leches lentamente para que la absorba.
3. Refrigera al menos 4 horas.
4. Cubre con merengue o crema batida antes de servir.

Tarta de limón y merengue

Ingredientes:

- Base de masa quebrada
- Relleno: jugo y ralladura de 4 limones, 150 g azúcar, 3 huevos, 100 ml crema
- Merengue: 3 claras, 150 g azúcar

Preparación:

1. Hornea la base y deja enfriar.
2. Cocina el relleno a fuego medio hasta espesar y vierte sobre la base.
3. Bate las claras a punto de nieve con el azúcar hasta formar merengue firme.
4. Coloca el merengue sobre la tarta y gratina con un soplete o en horno.

Barritas de granola

Ingredientes:

- 200 g avena
- 100 g frutos secos picados
- 100 g miel o sirope de agave
- 50 g semillas (chía, sésamo, calabaza)
- 50 g frutas deshidratadas

Preparación:

1. Mezcla todos los ingredientes.
2. Extiende en molde forrado y presiona bien.
3. Hornea a 160 °C por 20-25 minutos.
4. Deja enfriar y corta en barras.

Pan dulce

Ingredientes:

- 500 g harina
- 150 g azúcar
- 200 ml leche tibia
- 100 g mantequilla
- 2 huevos
- 25 g levadura fresca
- Frutas secas y confitadas

Preparación:

1. Disuelve la levadura en la leche tibia.
2. Mezcla harina, azúcar, huevos, y añade la levadura.
3. Agrega mantequilla y amasa hasta suave.
4. Incorpora frutas, deja levar 1-2 horas.
5. Forma pan, hornea a 180 °C por 40 minutos.

Pastel invertido de piña

Ingredientes:

- 1 lata de rodajas de piña
- 150 g azúcar
- 100 g mantequilla
- 3 huevos
- 200 g harina
- 1 cdita polvo de hornear

Preparación:

1. Derrite mantequilla con azúcar y coloca en el molde junto con las rodajas de piña.
2. Mezcla huevos, harina y polvo de hornear.
3. Vierte la mezcla sobre las piñas y hornea a 180 °C por 40 min.
4. Deja enfriar y desmolda.

Bombones rellenos

Ingredientes:

- 200 g chocolate para fundir
- Relleno: ganache, dulce de leche, frutos secos, etc.

Preparación:

1. Derrite el chocolate y vierte una capa fina en moldes para bombones.
2. Refrigera hasta que esté firme.
3. Agrega el relleno y cubre con más chocolate.
4. Refrigera hasta que esté sólido.

Pan de elote

Ingredientes:

- 4 elotes (maíz) desgranados
- 1 taza de azúcar
- 1 taza de harina de trigo
- 1/2 taza de mantequilla derretida
- 3 huevos
- 1/2 taza de leche
- 1 cdita de polvo de hornear
- 1 pizca de sal

Preparación:

1. Licúa los granos de elote con la leche hasta obtener una mezcla homogénea.
2. Bate los huevos con el azúcar, añade la mantequilla.
3. Incorpora la mezcla de elote, la harina, polvo de hornear y sal.
4. Vierte en un molde engrasado y hornea a 180 °C por 40-45 minutos o hasta que al insertar un palillo salga limpio.

Pastel de nuez

Ingredientes:

- 200 g de nueces picadas
- 4 huevos
- 200 g de azúcar
- 200 g de harina
- 100 g de mantequilla derretida
- 1 cdita de polvo de hornear
- 1 cdita de esencia de vainilla

Preparación:

1. Bate huevos con azúcar hasta que estén esponjosos.
2. Añade la mantequilla y la vainilla.
3. Incorpora la harina con el polvo de hornear y mezcla.
4. Añade las nueces y mezcla suavemente.
5. Hornea a 180 °C por 35-40 minutos.

Cake Pops

Ingredientes:

- Bizcocho (puede ser comprado o casero) desmenuzado
- 150 g de queso crema o frosting
- Chocolate para fundir o cobertura
- Palitos para cake pops

Preparación:

1. Mezcla el bizcocho desmenuzado con el queso crema hasta formar una masa moldeable.
2. Forma bolitas y coloca un palito en cada una.
3. Refrigera 30 minutos.
4. Baña en chocolate derretido y decora al gusto.
5. Deja secar antes de servir.

Crepas dulces

Ingredientes:

- 2 huevos
- 1 taza de leche
- 1 taza de harina
- 2 cdas de azúcar
- 1 pizca de sal
- Mantequilla para cocinar

Preparación:

1. Mezcla todos los ingredientes hasta obtener una masa líquida homogénea.
2. Calienta un sartén con un poco de mantequilla.
3. Vierte un poco de masa para formar una crepa delgada. Cocina 1-2 minutos por lado.
4. Rellena con dulce de leche, frutas, Nutella o crema batida.

Panecillos de manzana y canela

Ingredientes:

- 3 manzanas ralladas
- 3 tazas de harina
- 1 taza de azúcar
- 1 taza de leche
- 100 g de mantequilla derretida
- 2 huevos
- 2 cditas de polvo de hornear
- 1 cdita de canela en polvo

Preparación:

1. Mezcla harina, polvo de hornear, azúcar y canela.
2. En otro bol, bate huevos, leche y mantequilla.
3. Combina ambas mezclas y añade las manzanas.
4. Vierte en moldes para panecillos y hornea a 180 °C por 20-25 minutos.

Bizcocho de chocolate blanco

Ingredientes:

- 200 g de chocolate blanco
- 200 g de mantequilla
- 4 huevos
- 200 g de azúcar
- 200 g de harina
- 1 cdita de polvo de hornear

Preparación:

1. Derrite el chocolate blanco con la mantequilla a baño maría.
2. Bate huevos con azúcar hasta que doblen su volumen.
3. Incorpora el chocolate derretido y mezcla suavemente.
4. Añade la harina y polvo de hornear tamizados.
5. Hornea a 180 °C por 35-40 minutos.

Galletas de jengibre

Ingredientes:

- 350 g de harina
- 150 g de azúcar moreno
- 125 g de mantequilla a temperatura ambiente
- 1 huevo
- 120 g de miel o melaza
- 1 cdita de jengibre molido
- 1 cdita de canela molida
- 1/2 cdita de clavo molido
- 1/2 cdita de bicarbonato de sodio
- 1 pizca de sal

Preparación:

1. Mezcla la harina con las especias, bicarbonato y sal.
2. Bate la mantequilla con el azúcar hasta cremosa. Añade el huevo y la miel.
3. Incorpora los ingredientes secos y mezcla hasta formar una masa homogénea.
4. Refrigera 1 hora.
5. Estira la masa y corta las galletas con moldes.
6. Hornea a 180 °C por 10-12 minutos.

Tiramisú casero

Ingredientes:

- 250 g de queso mascarpone
- 3 huevos (separar claras y yemas)
- 100 g de azúcar
- 200 ml de café fuerte frío
- 150 g de bizcochos de soletilla (ladyfingers)
- Cacao en polvo para espolvorear

Preparación:

1. Bate las yemas con azúcar hasta cremosas. Añade el mascarpone y mezcla bien.
2. Bate las claras a punto de nieve y mezcla suavemente con la crema.
3. Sumerge los bizcochos en café y coloca una capa en un molde.
4. Cubre con crema, repite capas.
5. Refrigera mínimo 4 horas.
6. Antes de servir, espolvorea con cacao.

Panettone

Ingredientes:

- 500 g harina de fuerza
- 150 g azúcar
- 150 g mantequilla
- 4 huevos
- 20 g levadura fresca
- 150 ml leche tibia
- Ralladura de naranja y limón
- 150 g frutas secas y pasas
- 1 cdita de esencia de vainilla

Preparación:

1. Disuelve la levadura en la leche tibia.
2. Mezcla harina, azúcar, ralladuras, huevos y levadura. Amasa y agrega mantequilla.
3. Incorpora frutas y sigue amasando. Deja levar 2 horas.
4. Forma el panettone y deja levar 1 hora más.
5. Hornea a 180 °C por 40-45 minutos.

Crumble de frutos rojos

Ingredientes:

- 400 g frutos rojos (fresas, frambuesas, arándanos)
- 100 g azúcar
- 150 g harina
- 100 g mantequilla fría
- 80 g azúcar moreno

Preparación:

1. Coloca los frutos rojos en una fuente para horno y espolvorea con azúcar.
2. Mezcla harina, azúcar moreno y mantequilla hasta obtener migas.
3. Cubre los frutos con la mezcla de crumble.
4. Hornea a 180 °C por 30 minutos hasta que esté dorado.